ACHILLE MILLIEN

# Chants populaires

## DE LA GRÈCE

### DE LA SERBIE & DU MONTÉNÉGRO

PARIS

ALPHONSE LEMERRE, ÉDITEUR

23-31, PASSAGE CHOISEUL, 23-31

M DCCC XCI

# CHANTS POPULAIRES DE LA GRÈCE

## DE LA SERBIE & DU MONTÉNÉGRO

SAINT-ANTOINE-MARSEILLE — IMPRIMERIE ÉCONOMIQUE J. DOUCET.

ACHILLE MILLIEN

# Chants populaires

## DE LA GRÈCE

## DE LA SERBIE & DU MONTÉNÉGRO

PARIS

ALPHONSE LEMERRE, ÉDITEUR

23-31, PASSAGE CHOISEUL, 23-31

M DCCC XCI

# DU MÊME AUTEUR :

LA MOISSON, 1860...................... 1 vol.
CHANTS AGRESTES, 1862................ 1 vol.
LES POÈMES DE LA NUIT, 1854........... 1 vol.
    (Couronnés par l'Académie Française)
LA PIERRE-DES-ÉLUS (Prose)............ 1 vol.
MUSETTES ET CLAIRONS, 1867........... 1 vol.
LÉGENDES D'AUJOURDHUI, 1870.......... 1 vol.
VOIX DES RUINES, 1873................ 1 vol.
POÈMES ET SONNETS, 1879............. 1 vol.

Les Recueils parus de 1860 à 1873 ont été refondus en deux volumes de luxe, grand-jésus, ornés de nombreuses gravures à l'eau forte. Ces deux volumes : *Premières Poésies* (1859-1863) et *Nouvelles Poésies* (1864-1873) se vendent séparément, à la Librairie Alph. Lemerre. Il en a été fait un tirage numéroté, avec épreuves avant la lettre.

---

## POUR PARAITRE PROCHAINEMENT :

LITTÉRATURE POPULAIRE ET TRADITIONS DU NIVERNAIS — Contes, Légendes, Chansons, Prières, Incantations, Proverbes, Sobriquets, Devinettes, Coutumes, Superstitions, Croyances médicales, etc., recueillis et annotés par *Achille Millien*.

8 vol., gr. in-8°, illustrés de dessins.

(Les airs de tous les chants ont été notés par *J. G. Pénavaire*.)

# PRÉFACE

Ce recueil comprend une double série de poésies populaires empruntées à deux nations de génie bien divers. Le lecteur y trouvera, côte à côte et sans classement, des chants très variés, légendaires, domestiques, amoureux, etc... L'élément héroïque y tient une large place. Il est intéressant de voir combien différent d'un peuple à l'autre, les procédés de composition de ces chants guerriers, issus d'ailleurs de circonstances identiques : les clephtes grecs sont frères des haïdouks de Serbie ; les uns et les autres, enivrés de liberté, combattent par le fer et le feu, par le sang et la ruse ; mais dans la narration de leurs exploits, les poètes anonymes de la Grèce moderne sont rapides et concis, tandis que les chanteurs Serbes affectionnent la forme épique avec amples développements du récit, qui conduit régulièrement le sujet depuis l'origine jusqu'au dénouement.

N'est-ce pas une entreprise doublement téméraire que de *traduire en vers* les chansons du peuple ? La traduction, si littérale qu'elle puisse être, ôte toujours à ces compositions naïves le *je ne sais quoi* de délicat et d'insaisissable qui rappelle soit la buée subtile dont s'enveloppe le fruit que la main n'a pas encore touché, soit la rosée matinale qui se fond au premier rayon du soleil, soit aussi la poudre brillante qui colore les ailes du papillon et qui s'enlève dès qu'on l'effleure. Et si le traducteur s'impose la gêne du rhythme et de la rime, combien de ces chansons charmantes courent risque d'être défigurées par des amputations d'une part et des fioritures de l'autre ?

Ces objections, nous nous les sommes faites à l'époque déjà lointaine où nous commencions, dans l'ardeur des jeunes années, ce petit recueil récemment terminé. D'aucuns y répondent en faisant observer que l'artifice du vers est plus propre à rendre l'esprit et le sentiment d'une œuvre poétique, à condition de s'en servir avec prudence et d'éviter les écarts de fantaisie. Pour notre part, à l'exception de quelques rares pièces plutôt imitées que traduites, nous avons essayé de suivre l'original d'aussi près que possible.

Sauf quelques pages inédites, les morceaux qui composent ce volume figurent, pour les chansons grecques, dans les recueils de Fauriel, Marcellus, Tommaseo, Passow et dans la riche collection plus récemment éditée par M. Emile Legrand. Quant aux chants serbes, on les retrouvera dans les publications de Mᵉ Voiart, de M. Cyprien Robert, et dans le bel et savant ouvrage dont M. Auguste Dozon vient de donner une nouvelle édition: *L'Epopée serbe.*

# CHANTS
# DE LA GRÈCE

Terre bénie, ô toi, Patrie universelle
Des esprits qu'illumine encore ton flambeau,
Depuis l'heure où ta main déroba l'étincelle
A l'éternel foyer d'où rayonne le beau,


Salut, Grèce, et louange à ton mâle génie,
Qui, sous ton ciel si pur, sur ton sol merveilleux,
Épandit la lumière et versa l'harmonie
Pour enchanter les cœurs et pour ravir les yeux !


Que ton éclosion fut sublime ! Le monde,
Dans la suite des temps révolus, n'en put voir
De plus riche jamais, jamais de plus féconde...
L'œuvre de ton matin ne connaît pas le soir.

Pourtant les jours sont loin, où l'agora d'Athènes
Acclamait Périclès et vantait Phidias,
Applaudissait Sophocle, honorait Démosthènes
Ou, prêt à le venger, pleurait Léonidas.


Ah! depuis cette époque entre toutes illustre,
Souvent l'ombre jalouse a voilé ton soleil!
Tes revers furent tels qu'ils égalent ton lustre
Et tu souffris l'horreur d'un destin sans pareil.


Mais dans l'excès des maux et sous le joug sauvage
Auquel un oppresseur barbare te rivait,
Libre de volonté, rebelle à l'esclavage,
Ton âme, ta grande âme, ô Grèce, survivait!


Dans le sang de tes fils, héritiers d'héroïsme,
Se transmettaient toujours les vertus des aïeux:
Tu dois ta renaissance à leur patriotisme
Qui dans tes fastes brille en cent faits glorieux.

Le clephte de tes monts, le pécheur de tes îles
N'ont pas le cœur moins haut qu'au siècle de Platon ;
Plus d'un fût mort jadis au Pas-des-Thermopyles,
Plus d'un eût mérité de vaincre à Marathon.

Et dans les chants obscurs, qu'en leurs deuils ou leurs fêtes
Jettent au vent du soir le pâtre et le marin,
Il est de fiers accents dignes des grands poètes
Dont les Muses gravaient le nom sur ton airain.

# CHANTS GRECS

---

## LE CHATEAU DE LA BELLE

---

Le château de la Belle ! En rêve, en mon sommeil,
Pas plus que de mes yeux je n'ai vu son pareil.

Il a quarante tours, sur des trésors fermées,
Et quarante-cinq tours pour la bataille armées.

Le sultan crut le prendre, il y passa douze ans
Et douze ans il y vit ses efforts impuissants.

Mais voilà qu'un vil Turc au bout des douze ans même,
Un Turc d'Iconium invente un stratagème.


Il va vers le sultan, se prosterne d'abord :
« Seigneur, je sais comment prendre le Château fort »


— « Prends-le. Cent pièces d'or, un beau cheval sans vic
Avec deux sabres fins, te paîront tes services. »


— « Non ; gardez le cheval, Seigneur, gardez encor
Et les deux sabres fins et les cent pièces d'or.


« Seigneur, je n'en veux rien ; mais je veux rester maître
De la fille aux yeux noirs qu'on voit à la fenêtre. »


— « Eh bien ! l'or, le cheval, les sabres précieux,
Je promets tout, ainsi que la fille aux beaux yeux. »


Il se déguise en moine ; il arrive à la porte,
Pleure à genoux, poussant des cris que le vent porte :

« O porte de la Belle aux yeux noirs, ouvre-toi !
Porte, ô porte de reine, ouvre-toi devant moi ! »


-- « Va-t'en, ô méchant Turc, et que plus je n'entende
Ta voix, si tu ne veux qu'avant peu l'on te pende ! »


— « Madame, s'il le faut, j'en jurerai cent fois,
Je ne suis pas un Turc, par la Vierge et la Croix !


« Je suis un moine grec qui vient du monastère,
Je meurs de faim... Prenez pitié de ma misère. »


—« Qu'on lui donne du pain... qu'il parte ! »—«Voudrez vous
Que j'entre dans l'église, et prie à deux genoux ?


« O porte de la Belle, ô porte souveraine,
Ouvre-toi devant moi, porte, ô porte de reine ! »


— « Qu'on lui tende une corde et qu'on le hisse. » — « Hélas !
Mon froc est plein de trous et ne me couvre pas. »

— « Jetez-lui donc un sac et qu'on le monte, dis-je ! »
— « Oh ! pas un sac, madame, ou j'aurai le vertige... »

On entr'ouvre la porte... ah ! les Turcs !.. dans la cour
Ils entrent... aux trésors chacun se rue et court...

Lui, le faux moine, a vu derrière la fenêtre
La belle qu'il convoite : il la cherche, il est maître...

Il approche, il arrive, avec un rire amer...
Mais la belle aussitôt se jette dans la mer !

# LA JEUNE FILLE

## ET LES BRAVES CHEZ CHARON

———

Trois braves, dans les noirs abîmes,
Veulent s'enfuir de la prison
Où Charon détient ses victimes
Sans espérance de rançon.

L'un doit revoir en mai la terre,
L'autre attend le brûlant soleil,
Le troisième à l'été préfère
L'époque du raisin vermeil.

Voici que les prie une blonde :
« O braves, hors de ce tombeau,
Emmenez-moi dans l'autre monde,
Sur la terre où tout est si beau ! »

— « Tes habits ont un son d'armure,
Tes cheveux sifflent; l'on entend
Aussi le bruit de ta chaussure :
Charon paraîtrait à l'instant. »

— « Je coupe mes cheveux, je quitte
Mes vêtements, je laisse ici
Ma chaussure... Emmenez-moi vite !
Je veux revoir la terre aussi

« Et ceux qui me pleurent, ma mère
Dont le deuil ne peut se guérir ;
Mes sœurs, dont la tristesse amère
S'épanche en larmes sans tarir ! »

— « Tes sœurs ? ah ! tes sœurs, pauvre fille,
Dansent au bal en ce moment,
Pendant que ta mère babille
Dans la rue en riant gaîment !

# SOUHAIT D'AMOUR

---

Au pied du vert coteau que caresse la lune,
Dans la douce fraîcheur qui des flots calmes sort,
Assise sur un banc se tient la belle brune
Et son chien favori sur ses genoux s'endort.

La guitare accompagne un refrain que la belle
Jette de sa voix pure à l'espace embaumé...
Que ne suis-je pour toi guitare ou chien fidèle !
Que ne suis-je plutôt ton amant bien aimé !

# LA MORT
## DE L'EMPEREUR CONSTANTIN

———

Pleurez, chrétiens, pleurez ce désastre suprême,
Pleurez tous en tout lieu !.. Le mardi, vingt-neuvième
Jour de mai de mil quatre cent cinquante-trois,
Agar a pris la ville... Ils abattent les croix,
Ils brisent les autels et les images saintes,
Ils profanent du Christ le pain immaculé !
Ils entrent à cheval aux pieuses enceintes ;
Toute vierge est souillée et tout prêtre immolé !

Sitôt que Constantin apprend cette nouvelle,
Sitôt qu'à l'empereur ce malheur se révèle,
Il remplit son palais de lamentations ;
Pour son cœur il n'est pas de consolations.

Il a ceint son épée, il prend en main sa lance,
Monte sur sa jument, sa cavale aux pieds blancs
Et sur les fils d'Agar avec rage il s'élance,
Il s'élance à son tour sur ces chiens assaillants !

Il tua dix pachas, soixante janissaires ;
Mais las des coups portés contre tant d'adversaires,
Son glaive s'est rompu, sa lance est en tronçons ;
Sans aide il reste, seul, ferme sur les arçons.
Il lève ses regards vers le ciel secourable :
« O Seigneur tout puissant qui créas l'univers,
Prends pitié de ce peuple en ce jour misérable,
Prends pitié de la Ville en de pareils revers ! »

Or un Turc lui fendit le front. Comme une masse
Du haut de sa jument il est tombé, la face
Dans la poussière chaude et rouge de son sang.
O pauvre Constantin ! le voici là, gisant !...
Alors à l'Empereur ils coupèrent la tête,
L'exposèrent fixée à la pointe de fer
D'une lance et, poussant d'horribles cris de fête,
Ils couvrirent le corps d'un lit de laurier vert.

# PAUVRE GALANT

---

Un beau matin me suis levé
    Avecque la rosée.
Près d'un jardin suis arrivé
    En flânant, sans visée.

J'entre et m'approche en curieux
    D'une porte mi-close;
Je vois une fille aux beaux yeux,
    Fraîche comme la rose.

Je lève mon chapeau, deux fois
     Je salue et soupire
De ma plus séduisante voix :
     « J'ai deux mots à vous dire. »


Elle verrouille à grand fracas
     Sa porte avec rudesse ;
Sa servante dit : « Ce n'est pas
     Pour toi qu'est ma maîtresse ! »


Si cruellement éconduit,
     Je tombe sur la porte
Et je me trouve mal... Au bruit
     On accourt, on m'emporte.


Le médecin eût dû venir :
     La douce créature
Oublia de le prévenir
     Dans ma triste aventure.

# LES DEUX FRÈRES

———

Une veuve pleure à toute heure,
Le matin, au milieu du jour,
Non son mari, — mais elle pleure
Ses trois fils partis sans retour.

L'un marchand, l'un soldat ; leur frère
S'est fait au loin étudiant :
Toujours au soldat plut la guerre,
Le commerce au négociant.

Le marchand venait de la ville ;
Sur deux mules il apportait
Des pièces d'or, au moins un mille...
Il trouve un brigand qui guettait.

« Marchand, où sont tes marchandises? »
— « J'ai deux mules et beaucoup d'or :
Prends-les, prends l'or, les mules grises,
Laisse-moi voir ma mère encor. »

Il ne prit point l'or ni les mules,
Mais, pour éviter tout retard,
Au pauvre marchand, sans scrupules,
Il donna trois coups de poignard.

Les deux premiers percent l'épaule,
Percent, lancés avec vigueur,
L'épaule et le flanc ; l'autre frôle,
Moins sûr et plus faible, le cœur.

Voilà que devant sa victime
Un émoi l'étreint sur le champ :
Est-ce le remords de son crime?
Il interroge le marchand :


« Quel est ton pays? » — « Que t'importe ?
Puisque tu m'as assassiné... »
— « Jamais mon âme rude et forte
Ne regretta le coup donné ;


« Sans peine je tuais naguère,
Mais avec toi tremblait mon bras... »
— « Nous sommes trois frères sur terre
Et nous ne nous connaissons pas.


« L'un est brigand dans la montagne,
L'autre étudie à l'étranger
Moi, je suis marchand et j'y gagne
D'être à cette heure en grand danger. »

— « Si tu dis vrai, je suis ton frère,
En même temps ton assassin !
A la mort je veux te soustraire. »
Il le conduit au médecin.


« Mon frère est en péril extrême ;
Médecin savant et zélé,
A toi mille pièces d'or, même
Deux mille et mon cheval sellé,


« Si tu peux être assez habile
Pour le disputer au trépas !.. »
— « Ni mille pièces, ni deux mille,
Ni ton cheval... je n'en veux pas.


« Je panserais deux des blessures,
Mais le cœur, qui peut le guérir ? »
— « Ah ! si tes paroles sont sûres,
Mon frère aujourd'hui va mourir.

« Eh bien ! que la mort nous rassemble ! »
Il se frappe au cœur, il pâlit,
Il tombe... ils expirent ensemble,
Ensemble on les ensevelit.

# SAINT BASILE

## (*Chant du premier jour de l'an*)

---

Une année est sortie, une année est rentrée,
Et Saint Basile vient, il vient de Césarée !


Saint Basile à la main porte un bâton tortu,
Ses deux pieds lourdement se posent sur la terre ;
Il est chaussé de bronze et de fer tout vêtu.
Basile, d'où viens-tu ? Basile ? où t'en vas-tu ?
— Je m'en viens de l'école et m'en vais chez ma mère.

— Si tu viens de l'école, eh bien ! dis l'*a b c*.
Sur son bâton, Basile alors s'est reposé
Pour dire l'*a b c* qu'on demande. — O mystère !
Le bâton sec verdoie, un rameau frais en sort,
Tout brodé d'argent pur, avec des feuilles d'or !


Une année est sortie, une année est rentrée :
Saint Basile est venu, venu de Césarée !

# LE CHEVAL DE BÉBROS

Près du Vardari, sous l'ombre d'un hêtre,
Bébros est gisant, et son cheval noir
Lui dit : « Lève-toi, partons, ô mon maître,
Car nos compagnons s'en vont ; c'est le soir. »


— « Mon cheval, je meurs, je ne peux les suivre !..
De tes fers d'argent creuse un trou ; dedans,
Sitôt que mon cœur cessera de vivre,
Pousse-moi sans peur, du bout de tes dents.

« Mes armes, qu'étreint ma main endormie,
Prends-les, porte-les aux toits paternels.
Garde mon mouchoir pour ma seule amie
Qui le baignera de pleurs éternels ! »

# MESSAGE

———

Dans ce pays, pour une amante
Je connais plus d'un cœur transi...
Ma voisine est jeune et charmante
Et je languis pour elle aussi.


Mère, va lui dire en cachette
Qu'elle a mon cœur, mon cœur entier...
— La mère prend sa quenouillette,
Trouve la belle à son métier.

« Ma fille, à toi salut et joie ! »
— « Soyez la bienvenue ici ! »
— « Mon fils t'aime et vers toi m'envoie. »
— « Qu'il vienne, s'il en est ainsi.


« La parole est légère chose :
S'il ne vient pas, que dès demain,
Avec plume et papier, il ose
Au moins m'écrire de sa main. »

# LIKHA

---

S'élevant tout le jour du champ de la bataille,
Une vapeur de sang avait rempli les airs
Et plus d'un Turc maudit, fauché par la mitraille,
Sans tombeau reposait sous les lentisques verts.

C'était un jour béni pour les fils de la Grèce ;
Las de poursuivre au loin l'ennemi détesté,
Les guerriers, le regard étincelant d'ivresse,
Au pied du mont natal fêtaient leur liberté.

Chacun sur le gazon posait sa carabine
Et lançait le palet sur la prairie en fleur ;
Le sabre d'un pacha gisant dans la ravine
Etait le prix gardé pour le clephte vainqueur.


Leur disque tour à tour roulait vers la vallée ;
Ils savaient aussi bien jeter le lourd palet
Que, le poignard en main, bondir dans la mêlée
Et faire en galopant gronder le pistolet.


Mais où donc Zagoras, le chef dont la grande âme
Tressaille de bonheur quand paraît l'ennemi ?
« Zagoras, dit Lazos, aussi mou qu'une femme,
Zagoras sous un chêne est sans doute endormi.


« Pourquoi fuit-il la joûte ? Admirez sa prudence :
Il craint d'être vaincu par un lutteur plus fort ! »
Et son bras, soulevant le palet qu'il balance,
Bien au-delà du but l'envoyait sans effort.

Et chacun d'applaudir. Lui, de sa voix altière :
« Sachez tous ce que peut la vigueur de mon bras ;
Insensé qui voudrait provoquer ma colère !
Cède-moi donc le prix, comme fait Zagoras. »


Aux rayons du soleil, assises sur les pierres,
Les femmes regardaient le vainqueur orgueilleux.
Tout à coup se levant du milieu des bruyères,
Vers le héros s'avance une fille aux yeux bleus.


Le soleil fait briller l'or de ses tresses blondes,
Son teint rose est la fleur des beaux églantiers verts ;
Son regard, tout à l'heure aussi pur que les ondes,
S'allume maintenant et lance des éclairs.


Comme elle s'approchait, Lazos, ivre de gloire :
« Salut, blonde Likha ! Sur nos rochers sanglants
Tu jetas plus d'un Turc, par ma moustache noire !
Car je t'ai vue hier dompter les plus vaillants.

« Du mousquet meurtrier faisant luire la flamme,
Tu combattais sans peur, l'ennemi reculait...
Viens-tu me disputer le sabre à fine lame ?
Trop débile est ta main pour lancer le palet ! »

Elle : « O clephte menteur, ta langue soit maudite !
Tu déchires l'absent et certes tu sais bien
Ce que fait Zagoras : il est à la poursuite
De l'ennemi, qui tremble à son nom plus qu'au tien ;

« Qu'il arrive ! et ta voix sera moins provocante !
Mais puisque Zagoras n'a pas trouvé d'appui,
Je suis sa fiancée, aujourd'hui je m'en vante
Et contre toi, Lazos, je veux lutter pour lui ! »

Et fière, relevant sa tunique de laine,
La fille blonde prit le disque pour lutter :
Il siffla, fendant l'air, et tomba dans la plaine
Plus loin que nul encor n'avait pu le jeter.

Dans tout le camp ce fut une clameur joyeuse
Qui, par les échos sourds, se prolongea longtemps :
Les guerriers entouraient l'enfant victorieuse,
Ses sœurs la saluaient de leurs cris éclatants ;


Et tandis que Lazos, le regard plein de flamme,
Dévorait en son cœur, de colère tremblant,
La honte de se voir vaincu par une femme,
S'avançant vers Likha, le vieux Kos au front blanc


Lui disait : « O fleur d'or, parfum de la montagne,
A toi le sabre fin !.. bienheureux le guerrier
Qui pourra quelque jour, te prenant pour compagne,
T'asseoir près de son père au coin de son foyer ! »


Le camp se reposait sous le soleil splendide
Quand on vit Zagoras rapporter, le matin,
La dépouille des Turcs ; mais le chef intrépide
En échange du sabre eût donné le butin.

Quatre fois il jura, par son fusil qui brille,
Qu'à jeter le palet nul ne l'eût dépassé ;
Mais il obtint bientôt et le sabre et la fille,
Qui vint trouver le pope avec son fiancé.

# LOIN DE LA PATRIE

———

Oui, tu m'es une amie, une amante, une mère,
    O ma Patrie, et tous les jours
C'est ta chanson qui vient se fixer la première
    Sur mes lèvres, toujours, toujours !
Si jusqu'à t'oublier, ô cher pays, mon âme
    Porte jamais l'aveuglement,
Qu'un tonnerre vengeur me frappe et que sa flamme
    Me consume sur le moment !

Dans mon rêve, la nuit, je la vois, ma Patrie ;
    Je me réveille : illusions !
La ville où me voici n'a rien qui me sourie,
    Ce ciel est pour moi sans rayons...
Si jusqu'à t'oublier, ô cher pays, mon âme
    Porte jamais l'aveuglement,
Qu'un tonnerre vengeur me frappe et que sa flamme
    Me consume sur le moment !

# LA MORT DE BOTZARIS

---

Que n'a-t-il plu ce jour et neigé cette nuit
Où Botzaris voulut combattre l'Infidèle!..

Il se lève, — trois coups sonnaient après minuit; —
Tous ses braves sont prêts sitôt qu'il les appelle.

« Vous tous, amis du Christ, vous tous, fronts baptisés,
Ne brûlez pas de poudre, aujourd'hui faisons fête ! »

Ils tirèrent leurs fers aux tranchants aiguisés :
A huit cents ennemis ils coupèrent la tête.

Scodra-Pacha, Latin-Pacha clament, surpris :
« Nous avions commencé cette nuit sans t'attendre. »

— « Que dis-tu là, Scodra ? lui répond Botzaris,
Comme tous les pachas, vivant je veux te prendre ! »

Mais une balle, hélas, le touche... il pousse un cri,
Il pousse un cri perçant... longuement il soupire...

« Où donc es-tu, Costas, ô mon frère chéri ?
Et toi, mon Tsavellas, où donc es-tu ?... j'expire...

« Frappez le Turc maudit de votre fer vainqueur ;
Ils m'ont tué... je meurs pour la Grèce en alarmes ! »

Marcos, tout le pays porte ton deuil au cœur,
Mais les pauvres surtout versent des flots de larmes.

# L'AMOUR DANS LA TOMBE

---

La belle mariée aux lèvres téméraires,
Eugénule, à son seuil brave d'un ton moqueur
Le terrible Charon, parce qu'elle a neuf frères,
Palicares dont rien n'épouvante le cœur.

Hélas ! Charon entend la parole insensée
Ou quelque oiseau funèbre est allé l'avertir....
Il apprête son arc, une flèche est lancée :
Point de remède, ô belle, allons, il faut partir !

La mère se frappant la tête sur la pierre :
« Tu vas donc me quitter ! Que faire, ô mon amour ? »
— « Quand reviendra Kostas, oh ! sèche ta paupière,
Ma mère, pour ne pas attrister son retour ! »


Et voilà que Kostas chevauchait dans la plaine
Et ramenait des cerfs et des biches du bois,
Quand, frappé de stupeur, il resta sans haleine
En voyant sur le seuil se dresser une croix.


Des pappas dans la cour, une croix sur la porte !
Il demande aux passants : « Que font là les pappas ? »
Chaque passant répond : « Ton Eugénule est morte
Et l'on va l'enterrer dans sa fosse là-bas. »


Il tira son poignard de sa gaine luisante
Et sa main sans trembler dans son cœur l'enfonça ;
Un cyprès s'éleva sur sa fosse récente,
Sur celle d'Eugénule un roseau se dressa.

Au souffle du zéphir le roseau se balance
Et frôle le cyprès qui frémit doucement ;
Comme un bruit de baisers, au milieu du silence,
Un murmure amoureux en sort à tout moment.

# RICHES & PAUVRES

———

Je recevais ce soir de bons, de vrais amis,
Le Christ avec les Douze et la Vierge, sa mère.
Je leur disais d'un ton suppliant et soumis,
En leur baisant les mains, courbé jusques à terre :
« Ah ! prêtez-moi les clefs, les clefs du Paradis,
Pour voir les morts dans leur bonheur ou leur misère !»


Les riches sont à gauche en leur cuve de poix
Qui brûle, ayant aux mains une bourse fermée;

Les pauvres sont à droite ; ils tiennent à leurs doigts,
Sous l'éclatant soleil, une lampe allumée.


Riche, te souviens-tu ? Malhonnête vendeur,
Au vin tu mêlais l'eau, la terre à la farine ;
Tu prêtais ton argent, usurier sans pudeur,
Aux voisins ruinés par ton âpre rapine.
Ici, tous les florins deviennent impuissants ;
Ici, plus d'emprunteurs à tromper sans mesure ;
Ici, ne restent rien que la cire et l'encens ;
Ici, tout est vain, tout, tout, sauf une âme pure !

# CHARON & LE BRAVE

———

Un brave à pas pressés descend de roche en roche,
Le bonnet sur l'oreille et les cheveux flottants ;
Charon qui le regarde en guettant son approche
Va se mettre au passage et n'attend pas longtemps.


« Mon brave, d'où viens-tu ? » — « Je viens de la pâture. »
— « Mon brave, où t'en vas-tu ? » — « Je vais à la maison
Quérir du pain et vite, avec ma nourriture,
Je retourne au pacage et sans plus de façon. »

— «Moi, de la part de Dieu je viens chercher ton âme.»
— « O Charon, laisse-moi vivre encor quelques ans !
Veux-tu donc faire veuve une si jeune femme ?
Veux-tu rendre orphelins mes tout petits enfants ? »


Charon est inflexible et ne veut pas l'entendre ;
Il va poser sur lui ses deux mains de larron...
« Puisque tu restes sourd, persistant à me prendre,
Viens sur l'aire de marbre et luttons, ô Charron !


« A te suivre, vainqueur, mon âme est préparée ;
Vaincu, tu me tiens quitte et plus loin tu t'en vas...»
— La lutte tout le jour dura ; dans la soirée,
Le brave terrassé ne se releva pas.

# LES EXPLOITS DE TSOLKAS

Molle brise, épands ton haleine,
Rafraîchis Tsolkas et les siens
Qui combattent là, dans la plaine,
Sans eau, sans pain et sans soutiens.


— Pour se reposer sur la tente
Un oiseau s'arrête en chemin ;
Comme les oiseaux, lui ne chante,
Mais il parle en langage humain :

« Lève-toi, Tsolkas, et fuis ! Sache
Qu'il vient des Turcs nombreux, nombreux ! »
Tsolkas riant tord sa moustache,
Sous son fez roule ses cheveux :


« Que dis-tu là ? Les Turcs ? Qu'importe !
Tant que sera vivant Tsolkas,
Vienne cohorte sur cohorte,
Les Turcs ne l'épeureront pas !


« Hellènes, brisons nos entraves !
Tirez vos fusils doucement :
Nos vieux amis du mont, mes braves,
Nous font un envoi de froment. »


— « O capitaine, est-il bien sage
Que plus longtemps nous combattions ?
Nos fusils brûlent hors d'usage,
Août verse un brasier de rayons. »

Il tire son sabre et leur crie :
« Eh bien ! dégaìnez... en avant !
Il faut qu'en toute la patrie
Ne soit pas un homme vivant


Sans dire : « En mil sept cent soixante,
Contre trois mille ils ont lutté,
Malgré la chaleur écrasante
Que dardait le soleil d'été ! »


Pendant trois jours bravant le nombre
Des ennemis, trois nuits, trois jours,
Tsolkas combattit là, sans ombre,
Sans eau, sans pain et sans secours.


A travers les Turcs, intrépide,
Avec ses braves il passa
Et comme un épervier rapide
Vers la montagne il s'élança.

# LA BELLE ORGUEILLEUSE

———

Entre deux mers se dresse une tour au pied ferme.
La fille aux cheveux blonds s'y tient avec fierté :
Elle s'assied, étale, admire, ouvre, referme
Les colliers dont elle aime à parer sa beauté.


Elle dit au soleil : « Que lente est ta venue !
Soleil, qui donc t'entrave et te retarde ainsi ?
Montre-toi, lève-toi du milieu de la nue ;
En même temps que toi je veux paraître aussi.

« Soleil, pauvre soleil, ta flamme la plus vive
A peine peut flétrir les herbes de nos champs,
Et moi quand je me montre, en un clin-d'œil j'arrive
A porter l'incendie au cœur des jeunes gens ! »

# COMMENT VIENT L'AMOUR

---

Jeunes gens, sortez pour la danse ;
Belles, venez chanter, ce soir.
Ne voulez-vous pas apprendre et savoir
Comment vient l'amour sans que l'on y pense.


Il vient des yeux, l'amour vainqueur ;
Il tombe aux lèvres, puis les quitte,
Les quitte bientôt pour descendre vite
Et s'enraciner jusqu'au fond du cœur.

# LE CHANTEUR & LE DRAGON

---

La neige dans la nuit tombe calme. Iannis chante,
Iannis chante avec art, mélodieusement ;
L'air, chargé de sa voix si douce et si touchante,
Jusque chez le dragon la porte en un moment.


Aussitôt le dragon qui sort tout en colère
Crie : « Iannis, à l'instant je vais te dévorer ! »
— « Pourquoi, dragon ? Dis moi ce qui peut te déplaire ;
Que t'ai-je fait ? Pourquoi veux-tu me massacrer ? »

— « Parce que tu t'en vas rôdant à pareille heure.
Tu nous réveilles tous quand tu chantes ainsi,
Les rossignols au nid, tout être en sa demeure
Moi-même, le dragon, et ma compagne aussi ! »

— « Laisse-moi m'en aller et livre-moi passage,
Pour ce soir on apprête un festin chez le roi
Et c'est là que je vais, mandé par un message,
Car son musicien, premier chanteur, — c'est moi ! »

## CHARON & SA MÈRE

Au clair de lune Charon ferre
Son cheval, devant sa maison.
« Dans ta chasse, lui dit sa mère,
Mon fils, ne prends pas sans raison,
Non, ne prends jamais dans ta ronde
Le frère avec la sœur, l'enfant
Avec la mère ; laisse au monde
Les mariés qui s'aiment tant ! »

— « Sur trois, j'en prends deux, ô ma mère
Sur deux j'en prends un seulement ;
S'il n'en est qu'un, suis-je sévère ?
Je l'emporte implacablement ! »

# LA FILLE MOURANTE

---

« O ma fille, pourquoi veux-tu quitter la terre ?
Pas un oiseau chanteur dans le monde des morts
Ne vole en gazouillant; pas de calme rivière
Dont l'odorante fleur embaume au loin les bords ;

« Pour apaiser ta faim nul épi ne s'y dore ;
Point de source au flot bleu pour te désaltérer ;
Tes yeux sous le sommeil ne pourront pas s'y clore :
Auprès de nous, ma fille, il vaut mieux demeurer. »

— « O parents qui m'avez tant de fois caressée,
Pour rester avec vous je n'ai plus qu'un moment ;
Il faut partir : hier, je me suis fiancée
Et je vais épouser le tombeau, mon amant! »

# LE BERGER VOLÉ

Sur le mont les brigands avides
N'ayant point trouvé de chevaux,
Pour ne pas rentrer les mains vides,
Me volent moutons et chevreaux...
   Quel malheur !.. ah ! quelle clique !
   Ils s'en vont là-bas... là-bas...
   O mes brebis et ma bique !
       Hélas !

L'un a dérobé jusqu'au vase
Où je faisais cailler mon lait ;
L'autre dans mes doigts qu'il écrase ,
Vole même mon flageolet...
    Quel malheur ! quelle séquelle !
    Ils s'en vont là–bas, là–bas...
    O ma flûte et mon écuelle !
        Hélas !


Mon bélier à corne argentée,
Les voleurs me l'ont pris encor ;
Il a la tête tachetée,
Il a comme une toison d'or...
    Quel malheur !.. quelle séquelle !...
    ' Ils s'en vont là–bas , là–bas...
    O mon bélier si fidèle !
        Hélas !


O puissante Vierge Marie,
Punissez-les, tous ces voleurs !
Qu'on les arrête, je vous prie,
Qu'on les désarme, eux et les leurs !..

Quel malheur ! ah ! quelle clique !
Ils s'en vont là-bas, là-bas...
O mes brebis et ma bique
   Hélas !


Si la Vierge me favorise,
Si je retrouve mon bélier,
Je veux qu'au jour de Pâques, cuise
Un bel agneau gras tout entier.
  Quel malheur ! quelle séquelle !..
  Ils s'en vont là-bas, là-bas...
  O mon bélier si fidèle !
    Hélas !

# LE BRAVE & L'OISEAU

La mère pleure un fils, l'enfant pleure sa mère.
— Assises sur le seuil et regardant les flots,
Les femmes tout le jour jettent leur plainte amère,
En voyant dans le port entrer les matelots.


« Mon enfant, qui l'a vu ? Sa mère le demande ! »
—« Peut-être l'avons-nous trouvé sur le chemin... »
—« Droite comme un cyprès sa taille est svelte et grande
Et ses bagues d'argent brillent moins que sa main. »

— « Hier nous l'avons vu couché sur le rivage ;
Un noir essaim d'oiseaux qui venaient de la mer
Voltigeaient alentour ; d'autres au blanc plumage
S'abreuvaient de son sang, se gorgeaient de sa chair.

« Un seul le regardait d'un œil triste et timide
Et ton fils dévoré l'appelait en riant :
« Dans mon sang, bon oiseau, trempe ton bec humide,
« Repais-toi du cœur rouge et du sang d'un vaillant.

« Ta serre en grandira ! Sur ton aile plus forte
« J'écrirai de mon sang quelques lugubres mots
« A ma mère, à ma sœur, à mon amie : emporte
« Par delà cette mer le récit de mes maux.

« Quand ma mère lira, que ma sœur se lamente !
« Si ma sœur en pleurant lit la sienne à son tour,
« Désole-toi, lisant la tienne, ô mon amante,
« Et que le monde entier gémisse plus d'un jour. »

# LE MONT

———

Ton pied foule un sol toujours libre !
Lève le front, ô voyageur ;
Respire l'air pur : de ton cœur
Ne sens-tu pas frémir la fibre ?..

Un jour l'ennemi jusque là
Voulut affronter la tempête ;
Mais il trouva sa tombe prête
Au fond du ravin que voilà.

Pour le garder nous étions quatre,
Iani, Marco, Loucas et moi,
Quatre vaillants qui, sans effroi,
Verraient sur eux le ciel s'abattre.


Sur les rochers tous quatre assis,
Le cœur brûlant, le regard sombre,
Nous attendions, muets, dans l'ombre,
Le passage des ennemis.


Il faisait une nuit sans lune ;
Rien que le cri du noir corbeau ;
Au ciel obscur pas un flambeau,
Toute la montagne était brune ;


Par moments de fauves reflets
Rampaient sur les pierres rougeâtres :
C'étaient les signaux que nos pâtres
Faisaient luire sur les sommets.

Dans les broussailles des ravines
Les assaillants marchaient sans bruit,
Lorsque résonna dans la nuit
Le tonnerre des carabines.


Nous avions dressé par amas
Des rochers parmi les bruyères
Et, sur les ennemis, les pierres
Soudain pleuvent avec fracas.


Les rocs volaient, brisant la tête,
Sifflant dans l'air, broyant les os ;
Nos bras n'avaient pas de repos ;
Jamais je ne vis telle fête !


Nos frères, au premier signal,
Ayant jeté le cri d'alarmes,
Des hauteurs accouraient en armes
Pour défendre le mont natal.

Au plus ardent de la mêlée
Ils se ruaient en furieux...
Le mont se parsemait de feux
Se reflétant dans la vallée.


Et le sang coulait à torrents !
On entendait dans la nuit noire
Cris de frayeur, cris de victoire,
Dernières plaintes des mourants...


L'oiseau chantait dans la verdure
Quand au ciel brilla le matin ;
Et le vautour fit son festin
Des cadavres sans sépulture.

# LES FEMMES & LA MER

---

Assises sur la rive où la vague est jetée,
Les femmes tout en pleurs des hardis matelots
Entassent des cailloux, dont leur main irritée
Flagelle tour à tour la surface des flots.
« O mer, méchante mer à la vague écumante,
Où sont-ils, nos maris? Où sont nos bien-aimés? »
— « L'abîme s'est ouvert sous eux dans la tourmente
Et sur leurs pâles fronts mes flots se sont fermés! »

# NOËL

## (*Chant de Quête*)

---

Salut à vous ! Le Christ est né
Dans la crèche où jaunit la paille.
Le ciel rit au Verbe incarné,
Le monde ranimé tressaille...
     Noël ! Noël !

Dans l'étable il est enfanté,
Ce bel enfant au front si rose,
C'est le roi de l'éternité,
Le créateur de toute chose...
     Noël ! Noël !

« Gloire dans les hauteurs des cieux! »
Entendez-vous le chœur des Anges
Quand, de l'Enfant mystérieux
Les bergers disent les louanges ?..
        Noël ! Noël !


Donnez tous , donnez, cette nuit !
Riches, donnez l'argent qui roule
Ou, mieux encore, l'or qui luit ;
Pauvres, un coq avec sa poule...
        Noël ! Noël !


Salut ! que Noël vous soit doux,
Que le sommeil vous soit propice !
Mais avant peu réveillez-vous
Et courez au divin office...
        Noël ! Noël !

# TSOUVARAS

---

Devant la mer où passe un navire à toute heure,
Chante, chante. coucou ; rossignol, chante aussi.
Demandez Tsouvaras, le chef que rien n'épeure,
Armatole à Louro , Clefte à Karpénissi.


Son étendard, qu'un Turc ne voit jamais sans crainte,
Son étendard est rouge, il est rouge, il est bleu,
Et la croix du Sauveur avec la Vierge sainte
Et l'image du Christ y brillent au milieu.

« Hier, avant hier, Tsouvaras dans la plaine
Fit tonner le fusil ; nous le vîmes chargeant
Les Turcs ; il en prit vingt avec leur capitaine,
Avec douze mulets et leur charge d'argent.


« Puis devers le Valtos il partit sans entraves
Pour y fêter la Pâque et Christ ressuscité,
Rôtir l'agneau, manger les œufs rouges... Ses braves
Par la cible ou la danse éveillent leur gaîté. »

# A LA FONTAINE

—

A la source j'ai puisé l'onde,
J'ai soif, sans boire cependant :
Je m'oublie en vous regardant,
Filles à chevelure blonde.
Vous prenez ma cruche de bois...
Hélas ! que ne suis-je comme elle,
O fille à rieuse prunelle,
Dont le bras la porte et qui bois !

# LA MALÉDICTION DE LA MÈRE

———  ———

Sur le haut de la côte, en proie à l'insomnie,
Mon fusil près de moi, mon sabre à mon côté,
Je suis couché rêveur... Voici la nuit finie,
L'aube éclaire déjà le sommet argenté.

Où dois-je m'en aller ?.. Une voix incertaine
S'élève : j'aperçois, versant des pleurs amers,
La femme de Lazos, le hardi capitaine,
La mère des enfants qui voguent sur les mers.

Les cheveux tout épars, debout sous les ombrages,
Elle se lamentait et criait hautement :
« Rossignols de l'Olympe, apaisez vos ramages,
Et vous, platanes verts, fanez-vous promptement.


« O mes pauvres enfants, quel souffle de démence
Vous a fait partir loin de l'abri paternel,
Pour errer sans répit sur une mer immense,
Dans un triste navire, entre l'onde et le ciel ?


« Notre Olympe est l'orgueil des vaillants armatoles ;
Les fauves, les lions y prennent leur repos...
Maudit sois-tu, vil chien, Ali, qui nous désoles
En chassant nuit et jour les enfants de Lazos !


« Ah ! puisses-tu crever, Turc maudit sans baptême !
Armatoles, soyez toujours ses ennemis !
Anathème sur vous, enfants, dans la mort même,
Si, vivants, l'on vous voit au pacha turc soumis ! »

# L'HERBE DE L'OUBLI

———

Vois la montagne au front revêche
Sous la nuée enseveli,
Et son pied que le brouillard lèche :
Là, pousse l'herbe de l'oubli.


La brebis, si peu qu'elle en goûte,
Oublie aussitôt son agneau.
Ma mère, du mont prends la route
Pour m'oublier dans mon tombeau.

Hélas ! pour moi, pauvre mourante,
Dix mille fois j'en mangerais
Qu'elle serait indifférente :
Oublier, je ne le pourrais !

# LA BERGÈRE

---

De la roche descend la bergère avisée,
Quenouille et fuseau pleins. Le musc a parfumé
Ses cheveux, ses pieds sont humides de rosée
Et sur ses brodequins brillent les fleurs de mai.

Un jeune homme l'arrête : « Ah ! bergère volage,
D'où viens-tu ? » — « De chez nous... et vais à mes brebis. »
— « Voudrais-tu pour époux d'un pâtre du village ? »
— « Réponds d'abord, jeune homme, à ce que je te dis :

« Au milieu de la mer pourras-tu mettre une aire
Sans que ni grain ni paille y soient jamais mouillés ?..
Ecoute encor, jeune homme, et dis-moi : peux-tu faire
Qu'avec un menu fil des œufs restent liés ?.. »

# SANS ESPOIR

---

Oiseau d'un pays inconnu,
Où vas-tu seul ? Vers ton asile ?
-- Je cherche dans mon vol agile
Un repos jamais obtenu.

Autrefois j'eus une patrie :
Dans les bosquets riants d'espoir,
Je chantais le matin, le soir,
Bercé sur la branche fleurie.

J'aimais, j'étais fier et joyeux :
Un faucon vint de la montagne,
Et, me ravissant ma compagne,
Voila mon astre radieux !


Depuis, par la terre étrangère,
Sans compagne, sans abri vert
Au gré du sort, du vent d'hiver,
Je vais promenant ma misère,


Jusqu'à ce que j'arrive un jour
Au but commun où tout se mêle,
Où vont le faucon, l'hirondelle,
Où s'est envolé mon amour !

# DISTIQUES

———

L'amour est flamme. En quoi? —C'est que, tel que la flamm[e]
Il brille et ne peut pas rester caché dans l'âme.

———

Dans la source à flots coule une fraîche liqueur :
L'amour que j'ai pour toi coule ainsi dans mon cœur.

———

Ah ! que ne puis-je, ouvrant à tes yeux ma poitrine,
Montrer que ton image en mon cœur prit racine !

———

Jamais flèche sans arc ne se décocherait :
Toi, c'est avec tes yeux que tu lances le trait.

Toujours le bord du fleuve est paré de verdure ;
Le corail sur ta lèvre éclate et toujours dure.

Moi, je vis de ta vie et je vois par tes yeux.
Je souffre ? à toi je pense, et mon cœur est joyeux.

Sous la cendre le feu reste brûlant encore,
Comme fait notre amour fidèle et qu'on ignore.

Oui, pour vous empêcher de partir, s'il ne faut
Que m'arracher les yeux, ah ! prenez-les plutôt !

Je m'éveille la nuit dans une peine extrême :
Étoiles, voyez-vous celui que mon cœur aime ?

Bonne nuit et doux sommeil !
Pense à moi dès ton réveil.

Je ne sais nul tourment comparable ici bas
A celui de l'amour qu'on ne révèle pas.

Ton amour, c'est la neige : on a pu cent fois voir
La neige du matin fondue avant le soir.

———

Qui se fie à la femme et croit à ses serments
Court aux brûlants regrets, court aux sombres tourments.

———

S'aimer, s'aimer de si belles amours,
Et pour un mot se quitter pour toujours !...

———

Je t'ai dit de m'aimer et d'être à moi seul... mais
Tu t'es donnée à tous : va-t'en ! et pour jamais !

———

En songeant au passé qui ne peut revenir,
O pleurs, mes pauvres yeux n'ont pu vous retenir !

———

Méchante femme, mais riche dot : — je vous blâme ;
Au diable ira la dot, vous garderez la femme.

# LE TRAITRE MAUDIT

Le traître à côté de ses frères
Marche à pas lents vers sa maison.
« Pardon, frères ! » — « Tu crois peut-être
Qu'on pardonne à la trahison. »
— La soif m'embrase de sa fièvre ;
De l'eau, pour mon gosier brûlé !.. »
— « Non, le vase où s'est mis la lèvre
Du traître est pour jamais souillé ! »
Il prend son fusil, de colère :
C'est fait, sa cervelle jaillit...
Mais au corps du traître, la terre
Refuse encor son dernier lit !

# MARIORA DANSE

———

Ho! madame Mariora!
Votre mari a faim... holà!


Tant pis! moi, sauter en cadence
Me plaît tant! J'en veux prendre assez.
Quand mes souliers seraient percés
Je ne quitterais pas la danse...
— Sur la planche j'ai mis le pain,
Il peut le prendre, s'il a faim!

Ho ! madame Mariora !
Votre mari a soif... holà !


Tant pis ! moi, sauter en cadence
Me plaît tant ! J'en veux prendre assez.
Quand mes souliers seraient percés
Je ne quitterais pas la danse...
— S'il a soif et s'il veut de l'eau,
Il peut en prendre dans le seau !


Ho ! madame Mariora !
Votre mari expire... holà !


Tant pis ! moi, sauter en cadence
Me plaît tant ! J'en veux prendre assez.
Quand mes souliers seraient percés,
Je ne quitterais pas la danse...
— La lampe est accrochée au clou,
L'encens se trouve... on sait bien où !

Ho ! madame Mariora !
Votre mari est mort... holà !


Tant pis ! moi, sauter en cadence
Me plait tant ! J'en veux prendre assez.
Quand mes souliers seraient percés,
Je ne quitterais pas la danse...
— Eh bien ! les pleureuses viendront
Et les prêtres l'enterreront !

# LA PRISE DE CONSTANTINOPLE

---

Un moine est occupé des poissons qu'il fait fuire ;
Il entend une voix qui vient d'en-haut lui dire :

« Arrête, caloyer ! Le Turc va s'emparer
De la ville, le Turc est sur le point d'entrer. »

—« Quand ces poissons, sortant de la poêle où bout l'huile,
S'envoleront dans l'air, le Turc prendra la ville. »

Les poissons frits, soudain, comme des papillons,
S'envolent... Le Turc entre avec ses bataillons.

# LES NOCES DANS L'AUTRE MONDE

———

Ma mère est aujourd'hui bien joyeuse : elle apprête
Les noces de mon fils, cherchant d'un pas léger
La neige dont le mont enveloppe sa crête
Et le flot de la source et le fruit du verger.
« Fontaines, donnez-moi l'onde qui désaltère
Et vous, jardins, la pomme et le coing parfumé :
Il m'arrive ici bas un ami de la terre
Et c'est mon petit fils, mon enfant bien aimé ! »

# L'ANNEAU PERDU

---

J'ai trouvé le long du rivage
Une fille rose, tressant
Ses blonds cheveux en gémissant ;
Les pleurs inondent son visage ;
Moi, je la salue en passant.


« Fillette, à toi destin prospère ! »
— « Salut, salut, jeune homme, à toi ! »
— « D'où vient, ô belle, cet émoi
De ton cœur qui se désespère? »
— « Si je pleure, voici pourquoi :

« Vois cet if ; il souffrit l'épreuve
Du tonnerre : au pied sourd une eau
Qui fait oublier son agneau
A la brebis qui s'en abreuve
Et dès lors quitte le troupeau ;


« En me penchant là pour y boire,
Mon bel anneau tomba soudain...
Celui qui, plongeant, de sa main
Me le rendra, l'on peut me croire,
Sera mon époux dès demain ! »


Mais tous ont gardé le silence,
Les palicares restent sourds,
Nul ne bouge... Seul, sans discours,
Le fils de la veuve s'élance ;
Il quitte ses habits trop lourds ;


Il va plonger dans ces repaires,
Pour la belle il offre son sang...

Sans peur dans le puits il descend.
Oh ! que de serpents, de vipères
S'entrecroisant, s'entrelaçant !

Au cou d'un serpent l'anneau brille.
« Fillette, tire le cordeau !
Pour me ronger au fond de l'eau,
L'essaim des vipères fourmille...
J'ai retrouvé ton bel anneau ! »

# L'ADIEU DE LA FIANCÉE

---

Ils se disent entr'eux qu'il n'est plus d'espérance.
Le soleil n'a jamais vu pareille souffrance :
Est-il un médecin qui puisse la guérir ?..


Elle avait sur son cœur mis la main de son père :
« Ah ! mon père, je meurs ! » --- puis la main de sa mère
En redisant : « Ma mère, hélas ! je vais mourir !

« Dites à mon ami de venir au plus vite.
Il faut que je l'embrasse avant que je le quitte
Et, je le sens, bientôt je ne le pourrais pas. »

Il arrive... en silence incliné sur sa face...
Elle péniblement se soulève, l'embrasse
Et lui dit quelques mots à l'oreille tout bas :

« Mon ami, vous vouliez, le jour de notre noce,
Orner mon lit de fleurs ; de même ornez ma fosse ;
C'est le lit nuptial qui m'attend demain soir... »

Et le souffle lui manque. A peine elle a pu dire
Ces paroles d'adieu, doucement elle expire ;
Sa mère accourt... Sa sœur... elle ne peut les voir.

# BRUNETTE

---

Toutes les brunes m'ont fait don
    D'un baiser d'amourette :
Un seul pourtant m'a semblé bon...
    O petite brunette !


Dessus le mont je me ferai
    Un jardin pour retraite ;
Une vigne j'y planterai...
    O petite brunette !

Pour les brunes il fleurira
    Et rose et paquerette,
Le raisin doux y mûrira...
    O petite brunette!


En corsage blanc, rouge aussi,
    La lèvre aux baisers prête,
A la fenêtre les voici...
    O petite brunette !


Elles se disputent le rang
    De la beauté parfaite ;
C'est la brunette qui le prend.
    O petite brunette !

# LES OISEAUX MESSAGERS

N'y a-t-il pas une hirondelle,
N'y a-t-il pas un rossignol
Pour s'en aller, hâtant son vol,
Porter un message à ma belle ?

Elle m'attend là-bas, là-bas,
Elle attend son ami fidèle...
Hélas ! il est parti loin d'elle,
Près d'elle il ne reviendra pas.

Partez, volez à tire d'aile !
Ah ! comme ses yeux pleureront !
Doux messagers au vol si prompt,
Dites-lui la triste nouvelle !


Hier, je me suis fiancé
Avec la mort, et notre noce
Demain se fera dans ma fosse,
Car demain j'aurai trépassé !

# PEINES D'AMOUR

La vallée est verte et profonde ;
Les papillons de cent couleurs
Volent sur la rive d'une onde
Fraîche même au temps des chaleurs.
Sous le soleil, la jeune blonde
Y vient faire un bouquet de fleurs.

Sitôt qu'elle a de sa main blanche
Cueilli la rose au bord du bois,
Elle va s'asseoir sous la branche

Où dix rossignols à la fois
Gazouillent, tandis qu'elle épanche
Sa peine en chantant à mi-voix :


« J'étais si jeune et si naïve,
Ami, lorsque tu vins à moi !
Sous tes yeux charmée et craintive,
Je me sentais en grand émoi...
Ta parole persuasive
S'ouvrit mon cœur : je fus à toi !


« Loin de moi, pauvre délaissée,
Tu pars oubliant ton serment.
Quand il abusait ma pensée,
Ton amour m'était si charmant !
Maintenant mon âme blessée
N'en aura plus que du tourment ! »

# LE CLEPHTE (1)

D'APRÈS R. RANGABE

La nuit sur le mont jette l'ombre,
La neige muette fend l'air ;
Le clephte en sa retraite sombre
Sur un rocher, brandit le fer.

Sa main porte la foudre nue ;
Son palais, c'est le ravin noir ;
Il n'a pour abri que la nue
Et que son fusil pour espoir.

---

(1) Par exception, nous donnons cette pièce qui n'est pas populaire au même sens que les précédentes. Elle a pour auteur un des grands écrivains de la Grèce contemporaine.

Le tyran sous qui plus d'un rampe,
Sait fuir son glaive audacieux :
De sa sueur son pain se trempe ;
Il vit fier et meurt glorieux.


La fourberie avec le vice
Règnent partout dans l'univers ;
Mais le mont reste à la justice,
Si la fortune est aux pervers.


Ainsi que des bêtes de somme
On vend les peuples musclés ;
Mais il ne bat que des cœurs d'homme
Dans nos vallons inviolés.


Baise les pieds d'un maître, ô lâche !
Le Clephte rit d'injustes lois
Et sa lèvre ici ne s'attache
Qu'à son épée et qu'à la croix...

Je pars, hélas ! ma mère pleure...
Prie, ô mère, afin que d'exil
Ton fils revienne en ta demeure ;
Mais vivre esclave, le peut-il ?


Beaux yeux que mon départ chagrine,
Vos larmes me font tant souffrir !
Je vis libre dans la ravine
Et libre aussi je veux mourir !


Voici le combat qui commence ;
J'entends le fusil mugissant !
Blessés... fuyards... clameur immense !
Le Clephte tombe dans son sang.


La foule des guerriers s'assemble,
L'emporte mort et non vaincu ;
Le front nu tous chantent ensemble :
Libre il meurt, comme il a vécu !

# CHANTS DE LA SERBIE
## ET DU MONTÉNÉGRO

Un jour, aux siècles d'autrefois,
Avec les Knèzes, peuple serbe,
Tu méritas l'honneur superbe
D'être le champion de la Croix.


Arborant de ta main guerrière
L'étendard chrétien, sous ses plis
Tu contins, robuste barrière,
Le flot montant des Osmanlis;


Et lorsqu'enfin, avec Lazare,
A Koçowo tu succombas
Sous l'assaut du Croissant barbare,
Ton cœur vaillant ne faillit pas.

Courbé sous le servage, en butte
A la haine de l'oppresseur,
Tu sus continuer la lutte
Contre le Turc envahisseur.


Tes haïdouks que rien n'épeure,
Sans feu ni lieu, mis hors la loi,
Gardant l'espoir avec la foi,
Préparaient une ère meilleure.


De leurs abris sur les hauteurs,
Promenant la flamme et l'épée,
Ils donnaient pour ton épopée
Un nouveau thème à tes chanteurs;


Et les pesmas nationales
Célébraient ainsi tous les jours
Leurs aventures, leurs bons tours,
Près des hauts faits de tes annales.

*En les chantant, tu conservais*
*Tes souvenirs d'indépendance ;*
*En les chantant, tu ravivais*
*Tes chauds désirs de délivrance,*

*Et le cœur du Monténégrin,*
*Le cœur du Serbe de Serbie,*
*Malgré toute peine subie,*
*Restaient plus fermes que l'airain.*

*Que d'exploits qu'ignore notre âge !*
*Qui saura jamais, qui dira*
*Tout ce que la Tzerna-gora*
*Vit d'énergie et de courage ?*

*Que d'héroïsme dépensé !*
*Que de souffrances endurées !...*
*Mais, par le sang ainsi versé,*
*Les nations sont délivrées !*

L'œuvre est accomplie aujourd'hui :
Après de longs temps de misère,
Le vautour a rentré sa serre,
Le soleil serbe au ciel a lui,

Et le peuple enfin calme et libre
Accompagne au son des gouzlés
Les pesmas antiques où vibre
L'âme des siècles écoulés !

# CHANTS SERBES & MONTÉNÉGRINS

---

## LE PREMIER RANG

---

Fier de ses fleurs à peine écloses,
L'oranger se croit sans rival :
« Parmi les êtres et les choses,
En beauté quel est mon égal ? »


— « Me vaudrais-tu ? » dit la prairie
Dont mai diapre le vert tapis.
— « Moi, je vous surpasse ! » s'écrie
La plaine vaste aux blonds épis.

— « Taisez-vous ! Voyez, dit la vigne,
Le fruit à mes bras appendu :
Chacun de vous trois est indigne
Du prix de beauté qui m'est dû. »


Mais alors une jeune fille
Ecoute et reprend à son tour :
« De quel éclat ma beauté brille
Près de votre beauté d'un jour ! »


Un jeune homme par aventure
Passe et réplique en souriant :
« Lorsque l'orange sera mûre,
Je veux m'en faire un mets friand.


« Du pré touffu j'abattrai l'herbe
Quand sa floraison finira ;
Le beau froment du champ superbe
Sous ma faucille tombera ;

« Je cueillerai le fruit des treilles ;
Avec les braves je boirai
Le jus que des grappes vermeilles,
La joie à l'âme, j'extrairai.


« Et toi, pour épouse, ô fillette,
Je te prends ; tu m'appartiendras...
Il faut qu'ainsi tout se soumette
Devant le jeune homme ici-bas. »

# LES SOUHAITS DE MOUIO

Une troupe est en marche : elle va peu nombreuse,
Mais ardente, et Mouïo porte son étendard.
Il chante, en le portant, d'une voix vigoureuse,
En son langage turc, arrogant et vantard :


« Vraiment je plains celui chez qui je prendrai gîte !
Je tuerai sous le char ses bœufs les plus pesants,
Je tuerai le bélier dont le grelot s'agite,
Je me ferai servir du vin vieux de trois ans.

« Et la rakia ! [1] quatre ans l'auront bonifiée !
Est-ce tout ? certes non ! Car à ne rien cacher,
Je ne mangerai pas sans jeune mariée,
Et j'exige une vierge au soir à mon coucher. »


Ainsi chantait Mouïo. Sous la ramure verte,
Soudain tonne un fusil... la balle a bien porté :
Entre les plaques dont sa poitrine est couverte,
Mouïo frappé chancelle et tombe ensanglanté.


Du bord touffu du bois un brave l'interpelle :
« O Mouïo, te voilà servi comme à souhait ;
Tu voulais une blonde à ton gré : cette belle,
Tu l'as, c'est l'herbe fraîche ; eh bien ! sois satisfait ! »


_____

(1) Eau-de-vie.

# LA TZÉTIGNIENNE

---

Au bord de la calme et froide rivière,
Trente Tzétigniens se sont assemblés
Pour boire le vin que verse en leur verre
Une fille aux yeux de longs cils voilés.


Quand la jeune fille alerte et plaisante
A chaque buveur offre un verre plein,
Sans souci du vin qu'elle leur présente,
Tous veulent d'abord lui toucher le sein.

« Ecoutez-moi bien : je peux, leur dit-elle,
Servir du vin rouge à chacun de vous ;
Je peux demeurer servante fidèle,
Mais je ne peux pas vous épouser tous.


« S'il est quelque brave ayant le courage
— Et Dieu m'est témoin que je vous dis vrai —
D'aller de ce bord à l'autre à la nage,
Vêtu, tout armé, — je l'épouserai ! »


Tous restent muets et baissent la tête ;
Seul Radoïtza lève encor le front...
Il est debout, prend ses habits, s'apprête,
S'arme, puis se jette à l'eau, leste et prompt.


Il nage sans peur, touche à l'autre rive
Et tout aussitôt revient vers le bord.
Soudain il enfonce : est-ce qu'il dérive ?
Est-il entraîné malgré son effort ?

Ce n'est qu'une épreuve et qu'un stratagème :
La fille s'y prend et croit au danger ;
Elle entre dans l'eau, voulant elle-même
Aider le nageur et l'encourager.


Mais Radoïtza d'un bras ferme tranche
Le courant, bondit sur le vert gazon,
Prend la jeune fille et par sa main blanche
L'emmène aussitôt jusqu'en sa maison.

# LA PETITE

Pourquoi, ma gente violette,
Es-tu si petite, ô fillette ?
Grandis vite et je t'aimerai.


— Oui, je suis de petite taille ;
Mais aime-moi, je grandirai.
Je ne sais personne qui raille
La perle, parure de roi :
Elle est petite comme moi.
Comme moi petite est la caille :
Elle peut lasser cependant
Jeune cheval, chasseur ardent.

# LA LÉGENDE DE MARKO KRALIÉVITCH

## MARKO & LA VILA

Sur le Mirotch, le mont aux vertes cimes,
Deux cavaliers passent, deux *pobratimes* : [1]
L'un est Marko, l'autre Miloch. Tous deux,
Tenant de front leurs lances, leurs montures,
Allègrement s'en vont aux aventures ;
Gais de se voir, ils s'embrassent entr'eux.
En chevauchant, Marko dans la montagne
Sent tout à coup la langueur qui le gagne :

---

[1] Amis liés fraternellement.

« Frère, dit-il, je tombe de sommeil ;
Chante et tiens-moi par ta voix en éveil. »
— « Marko, répond Miloch, à ta demande
Je céderais, mais ici j'appréhende...
Car cette nuit, buvant du vin vermeil,
J'étais avec la Vila (1), qui menace
De me percer et la gorge et le cœur,
Si je m'oublie à chanter quand je passe
Dans la montagne. »
                    — « O frère, aurais-tu peur
De la Vila? dit Marko ; sans alarmes
Tu peux chanter : tant que je serai là,
Sur mon cheval, avec ma masse d'armes,
Tu peux chanter sans craindre la Vila. »


Miloch commence un chant fait à la gloire
De nos grands rois ; il bénit leur mémoire,
Lorsqu'ils fondaient leurs monuments pieux,
En Macédoine, aux temps de nos aïeux.

_____

(1) Être surnaturel qui habite la solitude des monts et des
forêts.

Ainsi charmé par son frère fidèle,
Marko s'endort, appuyé sur la selle ;
Miloch poursuit son chant insoucieux.
Or la Vila l'entend : suivant qu'il chante,
Elle répond ; mais Miloch chante mieux,
Il chante mieux que la Vila méchante
Qui s'en irrite et d'un bond furieux
Quitte la cime et sa retraite fraîche,
Saisit un arc, y pose double flèche :
L'une à la gorge a frappé le chanteur,
L'autre a percé son cœur, son mâle cœur.
« Malheur ! ma mère... et toi, Marko, mon frère !
C'est la Vila qui s'est vengée... Hélas !
Je l'avais dit : c'était trop téméraire
D'oser chanter sur le mont des Vilas ! »


Marko soudain s'éveille, saute à terre,
Tend fortement les sangles et les serre,
Puis caressant, embrassant son cheval :
« O toi, Charatz, mon coursier sans rival,
C'est la Vila qu'il faut chasser ! De joie,

Je te mettrai, si tu prends cette proie,
Des fers d'argent qui valent un trésor,
Jusqu'aux genoux te couvrirai de soie ;
Des glands pendront sur tes sabots, de l'or
Dans ta crinière et des perles encor.
Si la Vila t'échappait, au contraire,
J'arracherais tes deux yeux, briserais
Tes quatre pieds et je te laisserais,
Traînant ici sans secours ta misère,
Tout comme moi qui n'aurais plus mon frère !»

Marko s'est mis en selle, et, vers le front
Du vert Mirotch, la Vila prend la fuite ;
Lors, sans la voir ni l'entendre, à sa suite,
Le bon Charatz galope au flanc du mont.
Mais tout à coup il l'aperçoit, s'élance,
Bondit en l'air de trois longueurs de lance,
Saute en avant d'un élan furibond ;
Il va toucher la Vila... Le courage
La quitte alors... elle a peur, prend son vol
Vers les hauteurs du ciel, jusqu'au nuage.
La masse d'or de Marko fait ravage

Dans les rameaux : elle te frappe au col,
Blanche Vila, tu tombes sur le sol !
Marko la tient sous sa masse , avec rage
Il frappe, il frappe : « Ah ! maudite Vila,
Miloch va-t-il périr par ton caprice ?
Donne lui vite un suc qui le guérisse
Ou tu mourras de la main que voilà ! »

La Vila prie et supplie et l'implore :
« Mon frère en Dieu, toi, mon frère en saint Jean,
Laisse-moi vivre et d'un pas diligent
J'irai quérir la fleur qui vient d'éclore
Dans la montagne et qui guérit les maux. »
Il sent son cœur s'émouvoir à ces mots ;
Au nom de Dieu, dans son âme superbe
C'est la pitié, le pardon qui descend...
Plus de colère ; il est compatissant.
La Vila part, va cueillir la bonne herbe ;
De temps en temps il l'appelle ; à sa voix
Elle répond, disant à chaque fois :
« Mon frère en Dieu, j'accours ! » Avec sa gerbe

Aux sucs bénis qui conjurent la mort,
Elle revient et guérit la blessure :
Jamais Miloch n'eut la voix aussi pure,
Il peut chanter librement sans effort ;
Jamais son cœur vaillant ne fut plus fort !

Puis la Vila s'éloigne vers la cime
Et Marko part avec son *pobratime*.
Devers Voretch ils s'en vont chevauchant,
Se dirigeant tout droit sur la frontière,
Passent au gué du Timok la rivière
Et de Vidin les voilà s'approchant.
Or, la Vila disait à ses compagnes :
« Ecoutez-moi, mes sœurs, laissez passer
Les cavaliers à travers nos montagnes
Sans décocher vos traits pour les percer,
Tant que Marko marchera par le monde
Avec Charatz, avec sa masse ronde.
Quelle douleur j'éprouvai ! Quel tourment
J'ai ressenti lorsqu'il m'a poursuivie !..
Et si j'ai pu même sauver ma vie,
Ce ne fut pas sans peine assurément ! »

# LA CHASSE

---

Du mont j'ai gravi la croupe ;
Je vois dans la plaine en bas
Biches et filles en troupe
Prenant gaîment leurs ébats.

J'ai tiré de ma pochette
Une flèche ; j'ai visé
Une biche, une fillette ;
Le trait au cœur s'est fixé.

— « Tu m'as fait une blessure,
Viens vite me soulager... »
— « Mange cette figue mûre. »
Elle ne veut pas manger.

— « Bois ce sirop. » — Même chose...
Mais sa main vient se poser
Sur ma main : sa bouche rose,
Sa bouche veut un baiser.

# EST-IL JOUR ?

---

Les coqs ont chanté, vois blanchir l'aurore,
Laisse-moi partir, mon âme, il est jour.
— Ce n'est que la lune et point l'aube encore ;
Reste, mon agneau ; reste, mon amour.


— Les vaches meuglant s'en vont aux bruyères,
Laisse-moi partir, mon âme, il est jour.
— J'entends seulement l'appel aux prières ;
Reste, mon agneau ; reste, mon amour.

— Ecoute : les Turcs crient à la mosquée,
Laisse-moi partir, mon âme, il est jour.
— Non, non ; c'est des loups la troupe embusquée;
Reste, mon agneau ; reste, mon amour.


— Des enfants joueurs voici la cohue,
Laisse-moi partir, mon âme, il est jour.
— Il n'est pas d'enfants, crois-moi, dans la rue ;
Reste, mon agneau ; reste, mon amour.


— Ma mère est au seuil, ma mère m'appelle,
Laisse-moi partir, mon âme, il est jour.
— Ta mère est au seuil?.. Non, ce n'est pas elle;
Reste, mon agneau ; reste, mon amour.

# LE MARCHAND DE LA MER

———

Ecoute-moi, ma belle ; écoute-moi, fillette :
Tes yeuxnoirs sont les fruits des pruniers épineux :
Moi, je suis le marchand de la mer et j'achète
Le fruit de ces pruniers : je voudrais bien tes yeux.


Ecoute-moi, ma belle ; écoute-moi, fillette :
Tes dents sont,— le sais-tu ?—des perles à deux rangs:
Moi, je suis le marchand de la mer et j'achète
Les perles à tout prix : je voudrais bien tes dents.

Ecoute-moi, ma belle ; écoute-moi, fillette :
Ta main blanche est vraiment du coton doux et fin ;
Moi, je suis le marchand de la mer et j'achète
Le coton fin et doux : je voudrais bien ta main.

# OURS OU LIÈVRE

---

Ma mère, savez-vous pourquoi
Je veux me marier?... jeune mariez-moi ;
N'attendez pas que ma bouche se cache
Sous une barbe épaisse, une longue moustache ;
Car toute fille alors dirait
En me montrant, le sourire à la lèvre :
« Est-ce un lièvre qui sort des choux?..Oui, c'est un lièvre!»
Ou bien : « Quel est cet ours venu de la forêt? »

# MARCO & LE FAUCON

Sur le chemin Marco se sent très mal;
Il est couché, suant la défaillance;
Près de sa tête il a planté sa lance
Pour attacher Charatz, son bon cheval.
Marco gémit : « De l'ombre !.. de l'eau fraîche !
Que j'en humecte un peu ma bouche sèche !..
Oh ! célui-là qui m'en procurerait
Au Paradis à coup sûr entrerait ! »

D'en haut voici que descend vers la terre
Un faucon gris, dans sa serre portant
Des gouttes d'eau : Marco s'en désaltère;
Puis le faucon, de ses ailes qu'il tend
Fait au héros une ombre salutaire.
« O mon oiseau qui me secours ainsi,
Que t'ai-je fait pour m'apporter ici,
Avec de l'eau qui rafraîchit ma lèvre,
Cette ombre douce et qui calme ma fièvre ? »
— « A Koçowo, répond le faucon gris,
Quand nous luttions contre les infidèles,
Rappelle-toi que le Turc m'ayant pris
Tout aussitôt me coupa les deux ailes.
Toi de ta main tu vins me relever ;
Loin des chevaux qui pouvaient m'achever,
En un lieu sûr tu me mis sur les branches;
Tu me nourris de chairs fermes et blanches,
Tu m'abreuvas d'un sang chaud et vermeil :
Puis-je oublier un service pareil ? »

# L'AMOUR DANS LA MORT

Entre deux amants tout était commun,
Ils s'aimaient, s'aimaient, à ne faire qu'un.
Un an s'écoula dans le doux mystère
De ce bel amour bien caché par eux ;
Les parents enfin l'apprirent ; la mère
Sépara du coup les deux amoureux.

Lui chargea l'étoile au ciel allumée
De dire aussitôt à la bien-aimée :
« Ton cœur et le mien ont perdu l'espoir ;
Pourquoi maintenant persister à vivre ?
O chère âme, meurs, meurs samedi soir ;
Dimanche matin, moi, je veux te suivre ! »

Le samedi soir, elle meurt ainsi ;
Le dimanche à l'aube, il est mort aussi.
Au même moment, dans le cimetière,
On les emporta dès le lendemain
Et l'un près de l'autre, on les mit en terre,
Des pommes aux doigts, la main dans la main.

De l'un des tombeaux, voici, plein de sève,
Qu'un jeune sapin, s'élance et s'élève ;
De l'autre surgit un rosier vermeil :
L'arbuste paré de ses fleurs écloses
Autour du sapin s'enroule, pareil
Au ruban qui lie un bouquet de roses.

# IAOUT & PÉRA

Pas d'aube blanche au ciel, pas de rougeur d'aurore;
L'étoile du matin ne brille pas encore :
La porte à Scutari pourtant s'ouvre... On peut voir
Un homme chevauchant sur un coursier de guerre
En sortir à cette heure ; une verte bannière
Ombrage de ses plis l'homme et son cheval noir ;
C'est le fort Iaout-Bey. Trente Turcs en escorte
Le suivent... et voici qu'il parle de la sorte :
« Est-il parmi vous, Turcs, frères, héros sans peur,
Quelque brave enfanté d'une vaillante mère
Ou bercé sur le sein virginal d'une sœur,
Portant ceinture d'homme, équipé pour la guerre,

N'est-il point dans vos rangs de brave, ce matin,
Qui sache m'indiquer le chemin d'un village,
Resté sauf d'incendie, exempté de pillage,
Où nous puissions aller nous charger de butin ? »


— « Eh quoi ! fort Iaout-Bey, se met alors à dire
Le jeune Ahmed-Aga, quel village t'attire ?
Les Giaours nous feront payer cher notre gain.,.
Moi, je sais où trouver un profit plus certain :
Allons à Detchani ! le couvent peut suffire.
Là, sont tous les trésors des Némanias ; là
Pas de bataille ; là, pas de crainte ou d'alarmes ;
Rien que les caloyers, les moines noirs, sans armes ! »
Le fort Iaout approuve un tel discours : voilà
Les Turcs pour Detchani partis d'un pas rapide.


L'igoumène au front blanc de loin les voit venir.
Il court à leur rencontre, amène par la bride
Leurs chevaux sur la paille, et les hommes qu'il guide
Entrent au monastère. « Il te faut nous fournir,

Disent-ils, igoumène, il te faut à cette heure
Nous fournir un parfait et copieux repas.
Apprête un bel agneau, prépare un dindon gras
Et sucre de bon miel ta rakia la meilleure. »
Et le moine s'empresse : au souper vite cuit
Les Turcs firent honneur... puis passèrent la nuit.


Ils se lèvent sitôt que le jour vient à luire.
Ils boivent le café, puis la rakia le suit
Et le fort Iaout-Bey se met alors à dire :
« L'heure passe, igoumène, et les moments sont courts.
Va chercher le trésor des Némanias. Cours
Si tu ne veux pas voir piller ta blanche église. »
— « Bey, répond le vieillard, sans trouble ni surprise,
Nous n'avons nul trésor des Némanias... Non !
Le bien, le peu de bien qu'on trouve au monastère
Est aux pauvres ; j'en suis simple dépositaire,
Et tous, si tu le prends, tous maudiront ton  nom! »
Le Turc se moque bien de ses raisons! Qu'importe?..
Il interpelle encor le vieillard, il s'emporte :
« Quoi ! tu n'obéis point, misérable papas ?

Prends garde ! Si je fais un signe à mes soldats,
Ils te brûleront vif, inventeront torture
Sur torture et ces maux ne t'empêcheront pas
De livrer le trésor... »

     — « Faites, mais je vous jure
Que nous n'avons ici rien des Némanias. »


  Dans leur cupidité qui redouble leur haine,
Déjà les Turcs se sont jetés sur l'igoumène,
Mais leur attention se détourne et leurs yeux
Se fixent sur la plaine : un cavalier chemine,
Ses armes fines sont d'un travail précieux,
Tout or et tout argent ! Iaout-Bey l'examine :
« Arrêtez vos regards, dit-il d'un ton jaloux,
Sur ce chien de giaour : le reconnaissez-vous ? »
Chacun des trente Turcs longtemps le considère,
Pas un ne reconnaît ce nouvel arrivant,
Qui se dirige droit vers la cour du couvent.
Il approche, il s'arrête au seuil du monastère,
Il entre, aux Turcs d'abord souhaite le bonjour :
— « Salut, répondent-ils, salut, toi, fort giaour ! »

Ce brave était Péra Markonitch. On le place
Tout au bout de la table ; il s'asseoit juste en face
Du fort Iaout ; les Turcs à Péra font accueil,
On boit et l'on a l'air de se voir de bon œil.
Mais voici que la coupe où la liqueur ruisselle
S'emplit aux mains du Bey qui dit à haute voix :
« Salut à toi, Péra des Berda ! Je ne bois
Pas plus à ma santé qu'à la tienne ou qu'à celle
Du Tzar, de l'Empereur, d'aucun autre des rois ;
Mais je bois à mon sabre éclatant et fidèle
Et qui va te trancher la tête ! »
                                        Le chrétien
Impassible l'entend et ne lui répond rien.
La coupe va de l'un à l'autre à tour de rôle ;
Elle arrive à Péra, dont voici la parole :
« Salut à toi, salut, fort Iaout ! Je ne bois
Pas plus à ma santé qu'à la tienne. Je vide
La coupe au nom de Dieu ; je bois au Roi des rois,
Celui de Detchani, que je viens cette fois
Visiter, et je bois à mon fusil rapide
Qui va percer ton cœur ! » Et buvant promptement,
Il jette devant lui la coupe, en un moment

Epaule, allume, et fait tonner sa carabine.
La balle a respecté tes plaques de poitrine,
O Turc, mais de ce coup ton cœur est traversé !
Dès qu'il voit que le Bey sanglant s'est affaissé,
Ahmed pousse des cris, prend son sabre, s'apprête
A bondir sur Péra pour lui couper la tête ;
Mais le brave Péra déjà l'a devancé :
De ses deux pistolets il vise, touche, brise
Les plaques de son sein, perce de part en part
Sa poitrine... Les Turcs que l'effroi paralyse
Tombent sous l'acier fin de son large poignard.
A sept ou huit d'entr'eux il enleva la tête,
Les autres éperdus battirent en retraite ;
De trente il s'en sauva vingt, dans ce branle-bas
Oubliant à la fois leurs armes, leurs montures
Et d'un trésor caché ne se souciant pas...

Qu'ils aillent maintenant conter leurs aventures
Et comme ils ont trouvé l'or des Némanias !

# LA LÉGENDE DE MARKO KRALIÉVITCH

## MARKO LABOUREUR

Avec Euphrosine, sa mère,
Un jour Marko buvait du vin.
« Je veux te faire une prière,
Ne l'entends pas, dit-elle, en vain,

« Mon fils, renonce aux aventures ;
Du mal quel bien peut arriver ?
Sur tes dolmans et tes ceintures,
Toujours du sang qu'il faut laver !

« Mets sous le joug des bœufs dociles,
Laboure colline et vallon
Et nous vivrons tous deux, tranquilles,
Du blé semé dans ton sillon. »


Marko prend donc bœufs et charrue ;
Mais ce n'est val ni mont, vraiment,
Qu'il va labourer : dans la rue
Il plante le soc hardiment.


Par là passent des janissaires,
Menant trois charges d'or. « Pourquoi,
Si les chemins sont nécessaires,
Marko, les laboures-tu, toi ? »


— « Taisez-vous, laissez-moi. Sans doute,
Comme il m'a plu j'ai labouré... »
— « Mais ne laboure pas la route. »
— « Moi, Turcs, je laboure à mon gré. »

— « Marko, cesse!... » Il entre en colère,
Occit les Turcs, prend l'or pour lui
Et le porte à sa vieille mère :
« Voici mon labour d'aujourd'hui ! »

# LA FILLE MAUDITE

———

Une mère a mis neuf filles au monde
Et son sein renferme un enfant encor.
Elle implore Dieu : sa peine est profonde ,
N'ayant pas un fils, le plus cher trésor !

Elle en espère un cette fois; la mère
Voit avec bonheur son terme arrivé :
Et c'est une fille !... ô surprise amère !
Adieu le trésor qu'elle avait rêvé !

Le parrain demande, au jour du baptême :
« Quel nom pour l'enfant ? » Et sans hésiter.
La mère répond : (démence suprême !)
« Agnès... qu'un démon puisse l'emporter ! »


Agnès grandit rose et blanche. Vint l'âge
De la marier. — Elle prit son seau
Pour aller, un jour, sous l'épais feuillage,
A la source claire et puiser de l'eau.


Dès ses premiers pas dans la forêt verte,
La belle s'arrête, écoute... Elle entend
La Vila du bois lui crier : « Alerte !
Jette là ton seau dans l'herbe et viens-t'en !


« Viens, jolie Agnès, fille abandonnée,
Tu nous appartiens, viens vite avec moi,
Car ta mère à nous jadis t'a donnée,
Toute jeune enfant ; viens donc sans effroi. »

Jetant là le seau dans l'herbe, loin d'elle,
La fille s'enfonce au cœur du grand bois ;
Mais sa mère accourt, la suit et l'appelle : ·
« Chère enfant, reviens, écoute ma voix ! »

— « Arrière ! va-t'en, ô mère sans âme,
Toi qui me donnas au démon, jadis
Toute jeune enfant ! toi, méchante femme,
Qui renias Dieu, toi, qui me maudis ! »

# L'ENLÈVEMENT

Sous un pin à feuille sombre,
Une fille indolemment
Se repose, assise à l'ombre,
En parlant à son amant.


« Viens, dit la fillette rose,
Viens ce soir, je le veux bien ;
Mais si la barrière èst close,
Sois adroit, ne brise rien.

« Dans la cour, ne t'embarrasse
Que d'assourdir tous tes pas,
Et dans la maison, de grâce,
Prends garde, ne parle pas ! »


— La barrière n'est pas forte :
Il la casse sous son poids.
De la cour il tient la porte :
Elle grince plusieurs fois.


Dans la maison il pénètre :
Mais il heurte sans la voir,
En passant par la fenêtre,
Une tonne qu'il fait choir ;


Sur des pots — quel préjudice !
Elle roule — quel fracas !..
La mère se lève, glisse,
Tombe et se casse le bras.

Le père accourt, perd la tête,
Brûle sa barbe... — La nuit
Est noire... Avec sa conquête
Le jeune ravisseur fuit.

# LA FEINTE DE GROUÏTZA

Au flanc de la montagne, à l'ombre d'un sapin ,
Novak et Radivoï sont à boire du vin ;
Pendant que Tatomir le verse dans leur verre,
Le jeune Grouïtza fait le guet près de là.
— « Radivoï, dit Novak, ô Radivoï, mon frère,
Le pays est purgé des oppresseurs : voilà
Qu'il n'en reste plus qu'un, le Nègre ; c'est le pire.
Il ne se fait pas une noce aux alentours
Qu'il ne l'épie ; il ose en ses riches atours
Voler la mariée et chez lui la conduire ;
Puis, lorsqu'il en est las, après plus de huit jours,
Il la vend à prix d'or... Frère, que vas-tu dire

De ceci ?... Simulons une noce, assemblons
Des invités choisis, parons comme une femme
Grouïtza, mais cachons un sabre à fine lame
Sous son voile d'épouse et partons, défilons
Tous à cheval, gaîment, en costume de fête,
Devant le seuil du Noir... Peut-être qu'abusé
En voyant Grouïtza gentiment déguisé,
Il s'y laissera prendre et nous aurons sa tête ! »


— « Bravo ! dit Radivoï, j'approuve tout cela ! »
On invita des gens de marque, on affubla
Le jeune Grouïtza d'un voile d'épousée ;
Sous le voile il ceignit un sabre bien tranchant ;
On lui fit la leçon ; puis la troupe rusée
Devant le seuil du Noir s'en alla chevauchant.
Or lui buvait du vin à l'auberge, à cette heure,
Et sa sœur restait seule à garder sa demeure.
Elle court à l'auberge : « O frère, on n'a pu voir,
Depuis que tu bâtis ta maison sur la route,
Cortège plus brillant et plus riche sans doute
Que la noce qui vient de passer là, ce soir.

La belle fiancée !.. »

          Il a bondi, le Noir !

Il prend son bon cheval sans lui mettre la selle,
Galoppe, atteint la noce... Il arrête la belle
Et le débauché touche avec ses doigts hardis
La poitrine où les seins ne sont pas arrondis.
L'étrange fiancée !.. Il s'étonne, il s'écrie :
« Quelle mère as-tu donc pour qu'elle te marie
Si jeune ? » Grouïtza, d'un ton étudié :
— « Une mère, en effet, bien bizarrement faite;
Aucun de ses enfants ne s'est mieux marié ! » ·
— « Qu'attends-tu, Grouïtza ! frappe vite ! » a crié
Novak... Et Grouïtza rapidement apprête
Son sabre sous le voile, il le tire et soudain
Le fin tranchant d'acier, du Noir abat la tête !

    Le cortège s'en va par le même chemin
Tandis que Novak chante et d'une voix allègre :
« Ecoutez, cavaliers, vous tous à marier,
Prenez femme aujourd'hui sans plus vous soucier
Du Nègre malfaisant, car il est mort, le Nègre :
Le jeune Grouïtza, voilà son meurtrier !  »

# JEUNE OU VIEUX MARI

Au pied de la montagne est une jeune fille ;
    A tel point son visage brille
Que le mont s'en éclaire. Elle s'exprime ainsi :
    « O mon visage, ô mon souci,
    O mon visage si blanc si rose,
Te saurais-je promis aux baisers d'un vieillard,
J'irais sur le coteau sans attendre plus tard,
    Cueillir toute l'absinthe éclose ;
    J'en exprimerais le suc malfaisant
Et je t'en laverais, mon visage, sans cesse,
Afin que le vieillard dont je hais la caresse
Ne sentit que dégoût et peine en te baisant !

« Mais, ô visage si blanc, si rose,
Si je savais qu'un jeune et gracieux mari
Dût te baiser, j'irais dans le jardin fleuri
     Sur tout rosier cueillir la rose ;
J'en exprimerais le suc parfumé
Et je t'en laverais, mon visage, sans cesse,
Pour que le bel amant dont me plaît la jeunesse,
S'en trouvât, te baisant, pour longtemps embaumé ! »

# DÉSIR

---

Que ne suis-je source limpide !
Je répandrais mon flot voilé
Au bord de la Save rapide,
Où voguent les bateaux de blé.
Là, je verrais d'un œil avide
Si le batelier, mon amant,
En souvenir a mis vraiment
Au gouvernail la rose blanche,
Et garde en main l'œillet charmant
Que samedi, mélancoliquement,
Pour lui je cueillis et donnai dimanche.

# LE CHAGRIN DE LA JACINTHE

Deux fleurs, l'une vers l'autre inclinant leur calice,
Croissaient dans un jardin, Jacinthe avec Narcisse.
La Jacinthe un jour seule au jardin se trouva ;

Le Narcisse avait dû s'en aller en campagne
Et ce fut grand souci pour la fleur sa compagne...
Mais bientôt de l'absent un message arriva :

« Que fais-tu, disait-il, ô mon âme, ô Jacinthe,
Comment te trouves-tu, seule dans cette enceinte
Du jardin qui nous vit tous deux, le cœur content ? »

— « Vaste est le ciel, répond la Jacinthe isolée,
Vaste est le bois profond qui couvre la vallée
Et vaste aussi la mer, cher Narcisse... et pourtant

« Aurais-je un papier grand comme le ciel, un nombre
De roseaux fins (1) égal aux arbres du bois sombre,
De l'encre noire autant qu'en peut tenir la mer,

« Quand même j'écrirai sans répit trois années,
En ne distrayant rien de toutes mes journées,
Je n'exprimerais pas mon chagrin tant amer ! »

(1) Pour écrire.

# LA LÉGENDE DE MARKO KRALIÉVITCH

## MARKO & LE SULTAN

De par le sultan Souleïman,
Défense est faite à tous de boire
Du vin, au temps expiatoire,
Et de vêtir un vert dolman ;

En ramadan défense est faite
De porter un sabre au côté,
De danser comme aux jours de fête
Avec les dames, par gaîté.

Pourtant, sans masquer l'impudence
Dont il fait preuve, à découvert
Avec les dames Marko danse
Et Marko porte un dolman vert;


Avec une audace suprême
Marko ceint un sabre à ses reins,
Il boit du vin et force même
A boire *hodjas* et pèlerins !


Voici qu'au sultan l'on raconte
Ces tristes et honteux exploits :
« Seigneur, Marko ne tient nul compte
De tes ordres ni de tes lois;


« Par lui ta parole est enfreinte !
Sais-tu ce qu'il fait tous les jours ?... »
Le sultan accueille la plainte,
Laisse débiter ce discours,

Et quand il a fini d'entendre,
Il dépêche deux messagers
Pour dire à Marko de se rendre
Au Divan, de ses pieds légers.


Ils vont cheminant sans encombre,
Trouvent Marko buvant au frais
Du vin, sous une tente, à l'ombre ;
Sa coupe énorme est faite exprès !


« Marko, le sultan te commande
De comparaître à son conseil. »
De Marko la colère est grande,
Il ne boit pas le vin vermeil,


Mais de la coupe pleine il frappe
Les huissiers, la brise en morceaux,
Leur fend le front : le sang s'échappe...
Sang et vin coulent en ruisseaux.

Puis il se présente et pénètre
Chez le sultan, silencieux,
S'assied à la droite du Maître,
Tire son bonnet sur ses yeux ;


Il rapproche de lui sa masse,
Il étreint son sabre éclatant
Sur son cœur, comme une menace...
— « Mon fils, commence le Sultan,


« Mon fils d'adoption, écoute :
Naguère on m'a parlé de toi
Et des gens trop zélés sans doute
T'ont calomnié près de moi.


« Marko, suivant eux, rit sans cesse
De mes ordres qu'il méconnaît,
De ma volonté qu'il transgresse...
Pourquoi rabats-tu ton bonnet ?

« En ramadan, c'est fait notoire,
Il ceint un sabre à son côté,
Il danse, boit du vin, fait boire ;
Et son dolman vert est cité.


« Ta main serre ta masse et presse
Ton sabre sur ton sein, pourquoi ?,.
J'ai dit tout ce qui t'intéresse :
Parle donc, Marko, fils de Roi. »


Marko répond : « Sultan, mon père
D'adoption, je ne dis rien
Quant au vin : j'en bois sans mystère,
Ma religion le veut bien.


« Je force les hodjas à boire,
Car il serait pour moi honteux,
Autant que pour eux vexatoire,
D'être à boire seul devant eux.

« Ils prennent du vin... une goutte ;
Mais si je ne leur en offrais
Avec insistance, sans doute
Ils s'en iraient aux cabarets.


« Je porte un sabre à fine lame,
Mais de mon or je l'ai payé.
Si je danse avec une dame,
Moi, je ne suis pas marié ;


« L'as-tu toujours été, toi-même ?...
Mon dolman est vert ; mais, Sultan,
Le vert sied aux jeunes, je l'aime,
Il me va bien, j'en suis content.


« Ton cœur ombrageux s'inquiète
De mon bonnet que je rabats :
C'est pour que, devant toi, ma tête
Aujourd'hui ne s'échauffe pas.

« Si je rapproche de la sorte
Ce.te masse, dans quel dessein ?
Pourquoi serrer d'une main forte
Mon sabre affilé sur mon sein ?


« C'est que j'ai peur d'une dispute ;
Je me défie et, par ma foi,
Je le déclare, en cas de lutte,
Malheur au plus proche de moi ! »


Le sultan s'émeut et regarde...
C'est lui le plus proche : vraiment
Il est bon de se mettre en garde...
Marko se fâche promptement ;


Aussi, prudemment il recule ;
Mais l'autre le suit d'un pas sûr,
Et tant et si bien qu'il accule
Le Sultan Souleïman au mur.

Il réfléchit et se raisonne,
A sa poche il porte la main,
Tire cent ducats et les donne :
« Tiens, Marko, va boire du vin ! »

# LE DANUBE TROUBLÉ

---

Danube, fleuve sans ride,
Pourquoi n'es-tu pas limpide ?
Serait-ce Mitchéta, le Voïvode, ou mieux
Un grand cerf qui te trouble avec son bois rameux ?
— Non, ce n'est que la troupe vive
Des filles qui gaîment s'en viennent, le matin,
Cueillir les glaïeuls de ma rive,
Laver leur visage mutin.

# LE CHOIX DU FAUCON

Un faucon vole, cherchant l'ombre,
Au-dessus de Saraïewo.
Sous un pin à feuillage sombre,
Il découvre un clair filet d'eau,

Et près de l'onde jaillissante
Qui du ciel réfléchit l'azur,
Jacinthe, une veuve plaisante
Et Rose, une vierge au front pur.

Est-ce Rosette, à l'âme neuve,
Aux yeux naïfs, qu'il faut choisir,
Ou Jacinthe, la belle veuve ?..
Le faucon y pense à loisir ;


Il songe longtemps, il ignore
Le bon parti... grand embarras !
« L'or, même ancien, vaut mieux encore
Que l'argent neuf, » dit-il tout bas.


Il choisit donc la veuve. Rose
Se courrouce et son regard luit :
« Saraïewo, qu'en vain éclose,
Ta fleur ne donne pas de fruit !


« Que sur toi fondent les épreuves !
Car, chez toi plus que nulle part,
Les jeunes gens prennent les veuves
Et la vierge est pour le vieillard ! »

# LA MODESTE MILITZA

---

Les longs cils, Militza, dont s'ombrage ta joue,
Recouvrent tes beaux yeux. En vain j'ai regardé :
Depuis plus de trois ans, je n'ai pu, je l'avoue,
Voir à mon gré ces yeux qui m'ont affriandé.


Pour les voir, j'assemblai la ronde du village ;
Elle en était aussi, la blonde Militza.
Les filles dansaient donc en rond sous le feuillage,
Un nuage soudain sur nos fronts s'embrasa.

Dans le ciel un éclair, puis un autre, étincelle ;
Toutes lèvent alors les yeux au firmament ;
Mais seule, Militza regarde devant elle
Et tient ses beaux yeux noirs voilés modestement.

Elle tient ses beaux yeux inclinés, et chacune
Des fillettes demande alors avec douceur :
« Es-tu folle, ou plutôt, sage comme pas une,
Sage par-dessus tout, Militza, notre sœur ?

« Tu restes là, les yeux fixés sur l'herbe verte,
Au lieu de les lever comme nous vers les cieux,
Où la sombre nue est incessamment ouverte,
Par l'éclair qui la fend en sillons radieux ! »

— « Folle, je ne le suis, ni sage entre les sages,
Dit-elle, et je ne suis la Vila dont la loi
Régit, grossit, assemble et pousse les nuages :
Je suis fille et je vais regardant devant moi. »

## MARKO & LE BEY

Deux *pobratimes* vont par le même chemin,
Chevauchant ; c'est Marko, c'est le bey Kostadin.
« Viens chez moi, dit le Bey, viens à l'automne, frère ;
Viens-y le jour de Saint-Dimitri, mon patron ;
Tu verras un régal comme j'aime à les faire,
Une fête superbe où tout saura te plaire. »
— « Bey, répondit Marko, ne sois pas fanfaron.
Quand je cherchais mon frère André, je me rappelle
Que j'arrivai chez toi juste dans la saison
De la saint Dimitri. J'ai vu dans ta maison

Ce régal si complet, cette fête si belle ;
J'ai vu, frère, chez toi comment l'on est traité :
Devant moi tu manquas trois fois d'humanité,
Dans cette occasion... »


           — « Marko, que veux-tu dire ?
Explique-toi, reprit le Bey, je le désire. »


— « Voici, frère : D'abord vinrent deux indigents,
Ils demandaient du pain et du vin, pauvres gens !
Tu leur crias : partez ! loin d'ici, vile engeance !
Ne souillez pas mon vin devant tant de Seigneurs...
Moi, saisi de pitié pour semblable indigence,
Je les menai tous deux manger et boire ailleurs.
Puis je les fais vêtir d'écarlate et de soie
D'un beau vert, et, changés ainsi, te les renvoie.
J'épiais ton accueil, me tenant à l'écart.
Ah ! cette fois, tu les reçus avec égard
Et la main dans la main : Venez et prenez place,
Mangez, Seigneurs, mangez et buvez bien, de grâce !..

« Voici le second fait : Etait-ce par hasard
Qu'oubliant la lignée en tant de points notable
Dont ils étaient issus, au bas bout de la table
Tu mis pour le festin, tu mis d'anciens Seigneurs
Appauvris et vêtus de mauvais écarlate ?
Non : tous les enrichis dont l'habit neuf éclate,
Sont aux places de choix ; pour eux tous les honneurs !
Devant ces parvenus la table est bien servie,
Tu prodigues les soins, le vin et l'eau-de-vie !

« Mais je n'ai pas encor tout dit ; écoute enfin :
Comment, ayant chez toi ton père avec ta mère,
N'étaient-ils point assis à la table, mon frère,
Pour vider les premiers une coupe de vin ?

« C'est ainsi que trois fois je te vis inhumain. »

# LA FILLE AU BORD DE LA MER

---

Devant les flots capricieux
Une fille s'asseoit et pense :
Non, non, rien n'est plus grand que cette mer immense?
Plus large que la plaine étendue à mes yeux,
Plus prompt que le cheval qui passe
En dévorant l'air et l'espace,
Plus doux que le miel parfumé,
Plus cher qu'un frère bien-aimé!

Un poisson porté par le flot amer,
Lui dit : « ô fille simple, entends chose certaine :
Le ciel est plus grand que la mer. La mer
    Est plus vaste aussi que la plaine.
    Les yeux vont plus agilement
    Que le cheval le plus rapide.
Le sucre est plus doux que le miel limpide,
    Plus cher que le frère est l'amant. »

# VŒU

—

Le jour de Saint-George, en parant sa tête,
La fille aux yeux noirs s'exprimait ainsi :

« O Saint-George, quand reviendra ta fête,
Puisses-tu ne pas me trouver ici !

« Que n'ai-je, quittant le toit de ma mère,
Soit mari charmant, soit brillant tombeau !

« Mais, s'il faut fixer mon choix, je préfère
Au tombeau tout neuf l'époux jeune et beau. »

# L'AMOUREUSE INQUIÈTE

———

Que le temps me semble infini !
Toujours à la fenêtre assise,
A regarder sur la mer grise
Où dort au loin le flot uni !

Ah ! quelle est longue à venir, l'heure
Où je vois voguer mon amant
Et son pavillon doucement
Flotter sous le vent qui l'effleure !

Alors j'écoute et veux savoir
Si, quand sa *tamboura* résonne,
C'est bien mon nom qu'il abandonne,
Dans son chant, aux brises du soir.

# TABLE

## CHANTS SERBES

TABLE *(suite)*

SAINT-ANTOINE-MARSEILLE — IMPRIMERIE ÉCONOMIQUE J. DOUCET

# DU MÊME AUTEUR :

Les Recueils parus de 1860 à 1873 ont été refondus en deux volumes de luxe, grand-jésus, ornés de nombreuses gravures à l'eau-forte. Ces deux volumes: *Premières Poésies* (1859 1863) et *Nouvelles Poésies* (1864-1873) se vendent séparément, à la Librairie Alph. Lemerre. Il en a été fait un tirage numéroté, avec épreuves avant la lettre.

———

## POUR PARAITRE PROCHAINEMENT :

LITTÉRATURE POPULAIRE ET TRADITIONS DU NIVERNAIS — Contes, Légendes, Chansons, Prières, Incantations, Proverbes, Sobriquets, Devinettes, Coutumes, Superstitions, Croyances médicales, etc., recueillis et annotés par *Achille Millien*.

8 vol., gr. in-8°, illustrés de dessins.

( Les airs de tous les chants ont été notés par *J. G. Pénavaire.)*